Basic Greek

C000060811

J.R. Cheadle

Bristol Classical Press

First published in 1939 by
Macmillan Education Ltd (under ISBN 0-333-09804-8)
then in 1993 by Thomas Nelson & Sons Ltd (under ISBN 0-17-439918-9)

This impression in 2002 by
Bristol Classical Press
an imprint of
Gerald Duckworth & Co. Ltd
61 Frith Street
London W1D 3JL
e-mail: inquiries@duckworth-publishers.co.uk
Website: www.ducknet.co.uk

A catalogue record for this book is available
from the British Library

ISBN 1-85399-634-3

Printed and bound by
Antony Rowe Ltd,
Eastbourne

PREFACE

THIS book aims at providing within a limit of approximately 1,000 words a vocabulary covering all the words which a candidate for School Certificate was expected to know. The vocabulary is alphabetically arranged ; but, in the belief that connection of words with one another is one of the best aids to memorising them, I have set against many of the words synonyms, antonyms and, especially, English derivatives ; for although in several cases the meaning of the derivative will probably not be known, the very fact that a new English word is being learned will often appeal to the pupil, and its meaning will be remembered together with the meaning of the Greek word from which it is derived.

In general, compound verbs have been omitted except in cases where the verb is very common or where its meaning cannot easily be deduced from the meanings of the simple verb and the preposition with which it is compounded. Interrogative, Relative and Demonstrative Adverbs and Pronouns, Prepositions, Particles, Conjunctions and Numerals have been excluded from the main vocabulary and grouped together at the end of the book, where there is also a table of the Principal Parts of Irregular Verbs.

For those who wish to use the book for a two years' course, half of the words in the main vocabulary have been marked as being the most common. These could be mastered in the first year, and the remainder in the second year.

CONTENTS

NOTES

( ) Words in brackets are synonyms which have already appeared in the main Vocabulary.

)(Words after this sign are antonyms or words which can almost be regarded as such, *e.g.* Foot and Hand.

† Indicates that the Principal Parts of the verb are to be found in the special section at the end of the book. When placed after a compound verb it denotes that the Principal Parts of the simple verb only are given.

* Indicates that the word is chiefly confined to Poetry.

[ ] Words in square brackets are English derivatives.

Words underlined. For the benefit of those who wish to use the book for a two years' course, half the words in the main Vocabulary have been underlined, as being the most common, and form a suggested first year's course.

VOCABULARY

A

ἀγαθός (ή, όν))(κακός	Good
*ἄγαλμα (-ατος), τό	Glory
ἄγαν	Too much
ἀγανακτέω	Be annoyed at
ἄγγελος (-ου), ὁ	Messenger [Angel]
†ἀγγέλλω	Announce
†ἀγείρω	Collect
ἀγνοέω)(οἶδα	Not to know
*ἁγνός (ή, όν)	Holy
ἀγορά (-ᾶς), ἡ	Market-place
†ἀγορεύω	Say [Allegory]
ἄγριος (α, ον)	Wild
†ἄγω	Lead
ἀγών (-ῶνος), ὁ	Contest
ἀγωνίζομαι	Contend [Antagonist]
ἀδελφός (-οῦ), ὁ	Brother
ἀδελφή (-ῆς), ἡ	Sister
ἀδικία (-ας), ἡ)(δίκη	Injustice
ἄδικος (ον))(δίκαιος	Unjust
ἀδικέω	Wrong, Do wrong
ἀδύνατος (ον))(δυνατός	Impossible
†ᾄδω	Sing
ἀεί, * αἰεί, * αἰέν	Always
ἄθλιος (α, ον)	Wretched
ἆθλον, (-ου), τό	Prize
ἀθυμέω)(θαρσέω	Be disheartened
ἀθυμία (-ας), ἡ)(προθυμία	Despondency
ἀθροίζω (ἀγείρω)	Collect
αἰδώς (-οῦς), ἡ	Sense of shame, Reverence
†αἰδέομαι	Reverence

1

αἰθήρ (-έρος), ὁ and ἡ	Air [Ether]
αἷμα, (-ατος), τό	Blood [Anaemic]
†αἰνέω	Praise
†αἱρέω	Take. *Mid.* : Choose [Heresy]
†αἴρω	Raise, Set out
†αἰσθάνομαι	Perceive (+ Gen.) [Anaesthetic]
αἰσχρός (ά, όν))(καλός	Disgraceful
αἰσχύνη (-ης), ἡ	Shame
†αἰσχύνομαι	Be ashamed at
αἰτέω	Ask, Beg
αἰτία (-ας), ἡ	Cause, Blame
αἴτιος (α, ον)	Responsible, Guilty
αἰτιάομαι	Blame, Accuse (τινά τινος)
αἰχμάλωτος (ον)	Prisoner
ἀκμή (-ῆς), ἡ	Point [Acme]
ἀκολουθέω	Follow (+ Dat.) [Acolyte]
ἀκοντιστής (-οῦ), ὁ	Javelin-thrower
ἀκοντίζω	Hurl javelins (at)
†ἀκούω	Hear (+ Gen. of Person) [Acoustic]
ἀκριβής (ές)	Accurate
ἄκρος (α, ον)	Top. *Latin* : Summus [Acrobat, Acropolis]
ἀκτή (-ῆς), ἡ	Shore
ἄκων (ουσα, ον))(ἑκών	Unwilling
*ἄλγος (-ους), τό	Pain [Neuralgia]
ἀλήθεια (-ας), ἡ	Truth
ἀληθής (ές))(ψευδής	True
†ἁλίσκομαι	Be caught, Be taken
ἀλλήλους (ας, α)	One another [Parallel]
ἄλλος (η, ον)	Other [Allegory]
ἄλλως	In vain, Otherwise

ἅμα	At the same time
ἅμαξα (-ης), ἡ	Wagon
†ἁμαρτάνω	Make a mistake
ἀμείνων (ον))(κακίων	Better
ἅμιλλα (-ης), ἡ	Contest
†ἀμύνω	Ward off
	Mid. : Resist
ἄμφω	Both [Amphibian]
ἀμφότερος (α, ον)	Both
ἀναβαίνω †	Go on board ship
ἀναγιγνώσκω †	Recognise, Read
ἀνάγκη (-ης), ἡ	Necessity
ἀναγκαῖος (α, ον)	Necessary
ἀναγκάζω	Compel
*ἀναιδής (ές)	Shameless
†ἀναλίσκω	Spend
*ἄναξ (-κτος), ὁ	Lord
*ἀνάσσω	Rule
ἀναχωρέω)(προχωρέω	Retreat [Anchorite]
ἀνδραποδίζω	Enslave
ἄνεμος (-ου), ὁ	Wind [Anemometer]
†ἀνέχομαι, ἀντέχω †	Endure, Hold out
ἀνήρ (ἀνδρός), ὁ)(γυνή	Man
ἀνδρεῖος (α, ον))(δειλός	Brave
ἄνθος (-ους), τό	Flower [Anthology]
ἄνθρωπος (-ου), ὁ (ἀνήρ)	Man [Anthropology]
ἀνίημι †	Let go, Relax
†ἀνοίγνυμι)(κλείω	Open
ἀνόσιος (ον))(ὅσιος	Unholy
ἀξία (-ας), ἡ	Worth
ἄξιος (α, ον))(ἀνάξιος	Worthy
ἀξιόω	Think worthy

✦ †ἀπαλλάττω	Set free, Escape
†ἀπαντάω	Meet (+ Dat.)
ἅπας (ασα, αν)	All together
ἅπαξ	Once
✦ ἄπειρος (ον))(ἔμπειρος	Inexperienced, Ignorant of (+ Gen.)
†ἀπεχθάνομαι	Be hated
ἀπέχω †	Be distant
ἁπλῶς	Simply
ἀποδίδομαι)(ὠνέομαι	Sell
†ἀποθνῄσκω)(ζάω	Die, Be killed
ἀποκρίνομαι †)(ἐρωτάω	Reply
ἀποκτείνω †	Kill
ἀπόλλυμι †	Destroy. Mid.: Die
✦ ἀπολογέομαι	Defend oneself [Apologise]
ἀπορία (-ας), ἡ	Difficulty, Lack
ἀπορέω	Be at a loss
ἀποστέλλω †	Send away [Apostle]
ἀποστερέω †	Deprive (τινά τινος)
ἀπροσδόκητος (ον)	Unexpected
†ἅπτομαι	Lay hold of, Touch (+ Gen.)
ἄργυρος (-ου), ὁ)(χρυσός	Silver
ἀργυροῦς (ᾶ, οῦν)	Silver
†ἀρέσκω	Please (+ Dat.)
ἀρετή (-ῆς), ἡ	Virtue
ἀριθμός (-οῦ), ὁ	Number [Arithmetic]
ἄριστος (η, ον))(κάκιστος	Best [Aristocracy]
†ἀρκέω	Suffice
ἅρμα (-ατος), τό	Chariot
ἁρπάζω	Seize
ἄρτι, * ἀρτίως	Lately

ἀρχή (-ῆς), ἡ	Beginning, Rule [Monarchy]
ἀρχαῖος (α, ον))(καινός	Ancient [Archaeology]
ἄρχω	Rule. *Mid.* : Begin (+ Gen.)
ἀσθενής (ές))(ἰσχυρός	Weak
ἀσκέω	Adorn, Exercise
ἄσμενος (η, ον)	Glad
ἀσπίς (-ίδος), ἡ	Shield
ἄστυ (ἄστεως), τό	City
ἀσφαλής (ές)	Safe
*ἄτη (-ης), ἡ	Madness
αὖ, αὖθις	Again
αὐλίζομαι	Encamp
†αὐξάνω	Increase
αὐτίκα	Immediately
ἄφθονος (ον)	Bounteous, Ungrudging
ἀφίημι †	Let go
†ἀφικνέομαι)(ἀπέρχομαι	Arrive
ἀφίσταμαι †	Revolt
ἄφνω	Suddenly

B

†βαίνω	Go
†βάλλω	Throw [Problem]
βάρβαρος (ον)	Barbarous, Foreign
βαρύς (εῖα, ύ)	Heavy [Barometer, Baritone]
βασιλεύς (-έως), ὁ	King
βέβαιος (α, ον)	Firm, Sure
βέλος (-ους), τό	Weapon
βία (-ας), ἡ	Force
βιάζω (ἀναγκάζω)	Compel

βίβλος (-ου), ἡ	Book [Bible]
βίος (-ου), ὁ, * βίοτος (-ου), ὁ)(θάνατος	Life [Biology]
βλάβη (-ης), ἡ	Hurt
βλάπτω (ἀδικέω)	Harm
βλέπω	See
βοή (-ῆς), ἡ	Shout
βοηθέω	Help (+Dat.) (*Lit.* Run to the shout)
βοήθεια (-ας), ἡ	Help, Reinforcements
βουλεύω	Take counsel
†βούλομαι	Wish
βοῦς (βοός), ὁ and ἡ	Ox
βραχύς (εῖα, ύ))(μακρός	Short
*βροτός (-οῦ), ὁ	Mortal
βωμός (-οῦ), ὁ	Altar

Γ

†γαμέω	Marry [Bigamy]
†γελάω	Laugh
γενναῖος (α, ον)	Noble
γένος (-ους), τό	Race [Genealogy]
γέρας (-ως), τό	Privilege
γῆρας (-ως), τό	Old age
γηραιός, γεραιός (ά, όν))(νέος	Old
γέρων (-οντος), ὁ)(νεανίας	Old man
γέφυρα (-ας), ἡ	Bridge
γῆ (-ῆς), ἡ, * γαῖα (-ας), ἡ)(θάλαττα	Earth [Geography]
†γίγνομαι	Become, Happen

†γιγνώσκω — Ascertain [Diagnose]
   γνώμη (-ης), ἡ — Mind, Judgment
γλυκύς (εἶα, ύ))(πικρός — Sweet [Glucose]
γλῶττα (-ης), ἡ — Tongue [Polyglot]
γράφω — Write [Autograph]
   γράμμα (-ατος), τό — Letter [Grammatical]
γυμνός (ή, όν) — Naked, Defenceless [Gymnasium]

γυνή (γυναικός), ἡ)(ἀνήρ — Woman [Misogynist]

Δ

δαίμων (-ονος), ὁ — God, Spirit [Demon]
δακρύ (-ύος), τό — Tear
   δακρύω — Cry
*δάμαρ (-αρτος), ἡ (γυνή))(πόσις — Wife
δαπάνη (-ης), ἡ — Expense
δέδοικα — Fear
†δεῖ — It is necessary
†δείκνυμι — Show
δειλός (ή, όν))(ἀνδρεῖος — Cowardly
δεῖμα (-ατος), τό — Fear
δεινός (ή, όν) — Terrible, Clever
δεῖπνον (-ου), τό — Meal
*δέμας, τό — Body
δένδρον (-ου), τό — Tree [Rhododendron]
δεξιός (ά, όν))(ἀριστερός — Right
δεσμός (-οῦ), ὁ — Bonds
   δεσμώτης (-ου), ὁ — Prisoner
   δεσμωτήριον (-ου), τό — Prison
*δέσποινα (-ης), ἡ — Mistress
δεσπότης (-ου), ὁ (ἄναξ) — Master [Despot]

δέχομαι)(δίδωμι	Receive
†δέω	Bind
†δέω, δέομαι	Want (+ Gen.)
δῆλος (η, ον)	Clear
δηλόω (δείκνυμι)	Show
δῆμος (-ου), ὁ	People [Democracy]
δίαιτα (-ης), ἡ	Way of life [Diet]
διάνοια (-ας), ἡ (γνώμη)	Mind, Intention
†διαφθείρω (ἀπόλλυμι)	Destroy
†διδάσκω)(μανθάνω	Teach [Didactic]
†δίδωμι)(δέχομαι	Give [Antidote]
δῶρον (-ου), τό	Gift
δίκη (-ης), ἡ)(ἀδικία	Justice
δίκην διδόναι	Be punished
δίκαιος (α, ον))(ἄδικος	Just
διπλοῦς (ῆ, οῦν)	Two-fold [Diploma]
δίχα	Apart
διώκω	Pursue
δίωξις (-εως), ἡ	Pursuit
†δοκέω	Think. *Impers.* : It seems good (+ Dat.)
δόξα (-ης), ἡ (γνώμη)	Opinion, Glory [Paradox, Doxology]
*δόλος (-ου), ὁ	Cunning
*δόμος, ὁ	House
δόρυ (δόρατος, δορός), τό	Spear
δοῦλος (η, ον))(ἐλεύθερος	Slave
δράω	Do [Drastic]
δρόμος (-ου), ὁ	Course, Running [Hippodrome]
δύναμις (-εως), ἡ	Power [Dynamic]
†δύναμαι	Be able
δυνατός (ή, όν))(ἀδύνατος	Able

*δύστηνος (ον) (ἄθλιος) — Wretched
δυστυχής (ές))(εὐτυχής — Unfortunate
*δῶμα (-ατος), τό (δόμος) — House

E

ἔαρ (ἦρος), τό — Spring
†ἐάω)(κωλύω — Allow
ἐγγύς)(πόρρω — Near
†ἐγείρω — Rouse
ἐγκαλέω † (αἰτιάομαι) — Accuse (+ Dat.)
*ἔγχος (-ους), τό — Sword
†ἐθέλω, θέλω (βούλομαι) — Wish
ἔθνος (-ους), τό — Race (of people) [Ethnic]
εἶδος (-ους), τό — Form
εἰκός, τό — Reasonable
  εἰκότως — Naturally, Probably
εἴκω — Yield
εἰμί — Be
εἶμι — I shall go
εἴργω)(ἐάω — Prevent
εἰρήνη (-ης), ἡ)(πόλεμος — Peace
εἴωθα — Be accustomed
ἕκαστος (η, ον) — Each
ἑκάτερος (α, ον) — Each of two
ἐκκλησία (-ας), ἡ — Assembly [Ecclesiastic]
†ἐκπλήττω — Strike with panic
  ἔκπληξις (-εως), ἡ — Panic
ἐκτός)(ἐντός — Outside
ἑκών (οὖσα, όν))(ἄκων — Willing

ἐλάττων (ον))(μείζων, πλείων	Smaller, Fewer
†ἐλαύνω	Drive
ἐλάχιστος)(μέγιστος, πλεῖστος	Smallest, Least
ἐλέγχω	Examine, Refute
ἐλευθερία (-ας), ἡ)(δουλεία	Freedom
ἐλεύθερος (α, ον))(δοῦλος	Free
ἐλπίς (-ίδος), ἡ	Hope
ἐλπίζω	Hope
ἔμπειρος (ον))(ἄπειρος	Experienced in (+ Gen.)
ἐμποδών	In the way, In one's path
ἐναντίος (α, ον)	Opposite, Hostile
ἐνδεής (ές)	Lacking, In want
ἔνδον)(ἔξω	Within
ἐνιαυτός (-οῦ), ὁ	Year
ἔνιοι	Some
ἐνίοτε	Sometimes
ἐντός)(ἐκτός	Inside
ἐξαίφνης (ἄφνω)	Suddenly
ἐξαπατάω	Deceive
ἔξεστι	It is lawful (+ Dat.)
ἐξετάζω	Examine, Review (an army)
ἐξέτασις (-εως), ἡ	Review
ἔξω)(ἔνδον	Outside [Exotic]
ἔοικα	Seem, Be like
ἑορτή (-ῆς), ἡ	Feast
ἐπαινέω †)(μέμφομαι	Praise
ἐπανέρχομαι †	Return
ἐπείγω	Hasten
ἔπειτα, εἶτα	Then, Next
ἐπιεικής (ές)	Fair, Reasonable
ἐπιθυμία (-ας), ἡ	Desire
ἐπιθυμέω	Desire (+ Gen.)

ἐπιλανθάνομαι †)(μέμνημαι	Forget (+ Gen.)
ἐπιστήμη (-ης), ἡ	Knowledge, Understanding
† ἐπίσταμαι	Understand
ἐπιστολή (-ῆς), ἡ	Letter [Epistle]
ἐπιτήδειος (α, ον)	Convenient, Useful
ἐπιτήδεια, τά	Provisions
ἐπιτρέπω †	Entrust
†ἕπομαι (ἀκολουθέω)	Follow (+ Dat.)
ἔπος (-ους), τό	Word [Epic]
ἔργον (-ου), τό	Work [Energy]
†ἐργάζομαι	Work
ἔρημος (η, ον)	Deserted [Hermit]
ἔρις (-ιδος), ἡ	Strife
†ἔρχομαι (βαίνω)	Come, Go
ἔρως (-ωτος), ὁ)(μῖσος	Love
†ἐρωτάω)(ἀποκρίνομαι	Ask (a question)
ἐσθής (-ῆτος), ἡ	Clothing
†ἐσθίω	Eat
ἐσθλός (ή, όν)	Noble
ἑσπέρα (-ας), ἡ	Evening
ἑστία (-ας), ἡ, * ἐσχάρα (-ας), ἡ	Hearth
ἔσχατος (η, ον))(πρῶτος	Last
ἑταῖρος (-ου), ὁ	Companion
ἕτερος (α, ον)	One or other of two
ἔτι	Still
ἕτοιμος (η, ον)	Ready
ἔτος (-ους), τό (ἐνιαυτός)	Year [Etesian]
εὖ)(κακῶς	Well [Eulogise]
εὐγενής (ές) (γενναῖος)	Noble
εὐδαίμων (ον)	Fortunate
εὐεργέτης (-ου), ὁ	Benefactor
εὐθύς (αὐτίκα)	Immediately

*εὐκλεής (ές)	Glorious
εὐμενής (ές))(δυσμενής	Favourable
εὔνους (ουν)	Loyal
εὐπρεπής (ές)	Seemly, Glorious
†εὑρίσκω	Find
εὐρύς (εῖα, ύ))(στένος	Broad
εὐτυχής (ές) (εὐδαίμων))(δυστυχής	Fortunate
εὔχομαι	Pray
εὐχή (-ῆς), ἡ	Prayer
ἐχθρός (ά, όν))(φίλος	Hostile : A private enemy
ἔχω, ἴσχω	Have
† ἕως (ἕω), ἡ	Dawn

Z

†ζάω)(ἀποθνήσκω	Live
†ζεύγνυμι	Yoke
ζύγον (-ου), τό	Yoke
ζηλόω	Envy
ζημία (-ας), ἡ	Penalty
ζητέω	Seek

H

ἥβη (-ης), ἡ	Youth
ἡγεμών (-όνος), ὁ	Leader [Hegemony]
ἡγέομαι	Lead (+ Dat.), Consider
ἤδη	Already
†ἥδομαι	Rejoice
ἡδονή (-ῆς), ἡ	Pleasure [Hedonist]
ἡδύς (εῖα, ύ)	Sweet, Pleasant

ἦθος (-ους), τό	Custom [Ethics]
ἥκιστα)(μάλιστα	Least
ἥκω)(οἴχομαι	Have come
ἥλιος (-ου), ὁ)(σελήνη	Sun [Heliograph]
ἡμέρα (-ας), ἡ,* ἦμαρ (-ατος), τό)(νύξ	Day [Ephemeral]
ἥμισυς (εια, υ)	Half [Hemisphere]
ἤπειρος (-ου), ἡ)(νῆσος	Mainland
ἡσυχαῖος (α, ον), ἥσυχος (ον)	Quiet
ἡσυχία (-ας), ἡ)(θόρυβος	Quiet
ἡσυχάζω	Be quiet
ἡττάομαι)(κρατέω	Be defeated
ἥττων (ον))(πλείων, μείζων	Less

θ

*θάλαμος (-ου), ὁ	Room
θάλαττα (-ης), ἡ)(γῆ	Sea
θάνατος (-ου), ὁ)(βίος	Death
†θάπτω	Bury
θάρσος, θράσος (-ους), τό	Courage
θαρσέω, θαρρέω)(ἀθυμέω	Be encouraged
θρασύς (εῖα, ύ))(δειλός	Bold
θάττων (ον)	Quicker
θαῦμα (-ατος), τό	Wonder
† θαυμάζω	Wonder (at)
θεάομαι	Look at [Theatre]
θεός (-οῦ), ὁ	God [Theology, Atheist]
θεά (-ᾶς), ἡ	Goddess
θεῖος (α, ον)	Divine

θεράπων (-οντος), ὁ	Servant
θεραπεύω	Attend
θερμός (ή, όν))(ψυχρός	Hot [Thermometer, Thermos flask]
θέρος (-ους), τό)(χειμών	Summer
θεωρέω (θεάομαι)	Look at
θηράω, θηρεύω	Hunt
θήρ (θηρός), ὁ, θηρίον (-ου), τό	Wild beast
θνητός (ή, όν) (βροτός))(ἀθάνατος	Mortal
θόρυβος (-ου), ὁ)(ἡσυχία	Uproar
*θρηνέω	Lament [Threnody]
θρόνος (-ου), ὁ	Seat [Throne]
θυγάτηρ (θυγατρός), ἡ)(υἱός	Daughter
θυμός (-οῦ), ὁ	Spirit
θύρα (-ας), ἡ	Door
θύω	Sacrifice
θώραξ (-ακος), ὁ	Breastplate

I

ιατρός (-οῦ), ὁ	Doctor [Psychiatric]
ἴδιος (α, ον)	One's own [Idiom]
ἰδοῦ	Behold!
ἱερός (ά, όν) (ἁγνός)	Holy [Hieroglyphics]
†ἵημι	Send forth
ἱκανός (ή, όν)	Sufficient
ἱκέτης (-ου), ὁ	Suppliant
ἱκετεύω	Beseech
ἵππος (-ου), ὁ	Horse [Hippopotamus]
ἵππος, ἡ	Cavalry
ἱππεύς (-έως), ὁ	Horseman

ἴσος (η, ον)	Equal [Isosceles]
†ἴστημι	Make to stand. *Intr.* and *Mid.*: Stand [Apostate]
ἰσχύς (-ύος), ἡ	Strength
ἰσχυρός (ά, όν))(ἀσθενής	Strong
ἴσχω, † ἔχω	Have
ἴσως	Perhaps

K

†καθαίρω	Cleanse
καθαρός (ά, όν)	Pure
†καθεύδω	Sleep
κάθημαι, καθέζομαι	Sit
καινός (ή, όν))(ἀρχαῖος	New
καιρός (-οῦ), ὁ	Right time
†καίω	Burn [Caustic]
κακός (ή, όν))(ἀγαθός	Bad
†καλέω	Call
καλός (ή, όν))(αἰσχρός	Beautiful [Calligraphy]
†κάμνω	Toil
*κάρα, τό	Head
καρδία (-ας), ἡ	Heart
καρπός (-οῦ), ὁ	Fruit
κάρτα)(ἥκιστα	Very much
καρτερός (ά, όν) (ἰσχυρός))(ἀσθενής	Strong
καρτερέω	Endure
καταγιγνώσκω,† κατακρίνομαι †	Accuse, Condemn (τινός τι)
κατάσκοπος (-ου), ὁ	Spy
καταστρέφομαι †	Subdue

καταφρονέω	Despise (+ Gen.)
κατέχω †	Restrain
κατηγορέω (ἐγκαλέω)	Accuse (τινός τι) [Categorical]
†κεῖμαι	Lie [Cemetery]
†κελεύω)(οὐκ ἐάω	Order
κενός (ή, όν)	Empty [Cenotaph]
κέρας (-ατος, -ως), τό	Horn, Wing of an army
κεραυνός (-οῦ), ὁ	Thunderbolt
κέρδος (-ους), τό	Gain
κεφαλή (-ῆς), ἡ (κάρα)	Head
κῆρυξ (-υκος), ὁ	Herald
κηρύττω	Announce
κίνδυνος (-ου), ὁ)(σωτηρία	Danger
κινέω	Move [Cinema]
†κλαίω (δακρύω)	Weep
κλείω)(ἀνοίγνυμι	Shut
κλέος (-ους), τό (δόξα)	Glory
†κλέπτω	Steal [Cleptomaniac]
†κλίνω	Bend [Enclitic]
*κλύω (ἀκούω)	Hear
κοινός (ή, όν)	Common
*κοίρανος (-ου), ὁ (ἄναξ)	Lord, Master
κολάζω (ζημιόω)	Punish
κομίζω	Carry, Bring
κόπτω	Cut
κόρη (-ης), ἡ	Maiden
κόρυς (-υθος), ἡ	Helmet
κοσμέω (ἀσκέω)	Adorn [Cosmetic]
κόσμος (-ου), ὁ	Order, Adornment [Cosmic]
κρατέω)(ἡττάομαι	Rule, Conquer (+ Gen.) [Democracy]
κράτος (-ους), τό (ἰσχύς)	Strength, Might

κρείττων (ον)	Better, Stronger
κρήνη (-ης), ἡ	Spring
†κρίνω	Judge
κριτής (-οῦ), ὁ	Judge [Critic]
κρύπτω	Hide [Cryptic]
*κρυφαῖος (α, ον)	Secret, Hidden
†κτάομαι	Obtain
†κτείνω	Kill
κυβερνήτης (-ου), ὁ	Steersman
*κῦδος (-ους), τό (κλέος)	Glory
κύκλος (-ου), ὁ	Circle [Bicycle]
κῦμα (-ατος), τό	Wave
*κυρέω	Meet with (+ Gen.), Happen
κύριος (-ου), ὁ (δεσπότης)	Lord
κύων (κυνός), ὁ	Dog [Cynosure]
κωλύω (εἴργω))(ἐάω	Prevent
κώμη (-ης), ἡ	Village
κώπη (-ης), ἡ	Oar

Λ

†λαγχάνω	Obtain by lot
†λαμβάνω (αἱρέω)	Take [Syllable]
λαμπρός (ά, όν)	Bright [Lamp]
†λανθάνω	Lie hid
λάθρα (κρύφα)	Secretly
†λέγω (ἀγορεύω)	Say
λειμών (-ῶνος), ὁ	Meadow
†λείπω	Leave
λευκός (ή, όν))(μέλας	White
*λεύσσω	Behold

*λέχος (-ous), τό	Bed
λέων (-οντος), ὁ	Lion
λήγω	Cease
λῃστής (-οῦ), ὁ	Pirate
λίαν (ἄγαν)	Too much
λίθος (-ου), ὁ	Stone [Monolith]
λιμήν (-ένος), ὁ	Harbour
λίμνη (-ης), ἡ	Marsh
*λίττομαι	Beg [Litany]
λόγος (-ου), ὁ (ἔπος)	Word [Dialogue]
λογίζομαι	Consider
λοιδορέω	Abuse
τὸ λοιπόν	The future
λύπη (-ης), ἡ	Grief
λύω	Loose

M

*μάκαρ, μακάριος (α, ον)	Blessed
μακρός (ά, όν))(βραχύς	Long
μάλα, μάλιστα (κάρτα))(ἥκιστα	Very much
μᾶλλον)(ἧττον	More, Rather
†μανθάνω)(διδάσκω	Learn
μανία (-ας), ἡ	Madness [Maniac]
μαίνομαι	Be mad
μάντις (-εως), ὁ	Prophet
μαρτύρομαι	Witness [Martyr]
μάταιος (α, ον)	Foolish, Vain
μάτην (ἄλλως)	In vain
μάχη (-ης), ἡ	Battle
†μάχομαι	Fight (+Dat.)

μέγας (μεγάλη, μέγα))(μικρός	Great [Megaphone]
μέγεθος (-ous), τό	Size
μεθίημι † (ἀνίημι)	Let go
μείζων (ον))(ἐλάττων	Greater
*μέλαθρα, τά (δῶμα)	House
μέλας (μέλαινα, μέλαν))(λευκός	Black
†μέλει	It is a care (+ Dat.)
†μέλλω	Intend
†μέμνημαι)(ἐπιλανθάνομαι	Remember (+ Gen.)
μνήμη (-ης), ἡ, μνεία (-as), ἡ	Memory [Mnemonic]
μέμφομαι)(ἐπαινέω	Blame
†μένω, * μίμνω	Remain
μέρος (-ous), τό	Part
μέσος (η, ον)	Middle
μεστός (ή, όν))(κενός	Full
μεταβάλλω †	Change
μεταξύ	Between
μεταπέμπομαι †	Send for
μετέχω †	Have a share in (+ Gen.)
μέτριος (α, ον)	Moderate
μῆκος (-ous), τό)(εὖρος	Length
μήτηρ (μητρός), ἡ)(πατήρ	Mother [Metropolis]
μηχανή (-ῆς), ἡ	Device [Mechanism]
μηχανάομαι	Contrive
μικρός, σμικρός (ά, όν))(μέγας	Small [Microscope]
μισέω)(φιλέω	Hate [Misogynist]
μισθός (-οῦ), ὁ	Hire, Reward
μοῖρα (-ας), ἡ	Part, Fate
μόλις, μόγις	Scarcely
*μολεῖν	Go
μόνος,* μοῦνος (η, ον)	Alone [Monarch]
*μόχθος (-ου), ὁ	Toil

μῦθος (-ου), ὁ (λόγος)	Word [Myth]
<u>μυρίος (α, ον)</u>	Countless [Myriads]
<u>μωρός (ά, όν)</u>)(σοφός	Foolish [Oxymoron]

N

ναί)(οὐκ	Yes
*ναίω	Dwell
*ναός, νεώς (-ώ), ὁ	Temple
<u>ναῦς (νεώς), ἡ</u>	Ship [Nausea]
<u>ναύτης (-ου), ὁ</u>)(στρατιώτης	Sailor [Nautical]
<u>ναύτικον (-ου), τό</u>)(στρατός	Fleet
<u>ναυμαχέω</u>	Fight a sea-battle
νεανίας (-ου), ὁ)(γέρων	Young man
<u>νεκρός (-οῦ), ὁ</u>	Corpse [Necromancer]
†νέμω	Distribute, Manage [Economy]
νέος (α, ον))(γεραιός	New, Young [Neolithic]
νεωστί (ἄρτι)	Lately
<u>νῆσος (-ου), ἡ</u>)(ἤπειρος	Island
νικάω (κρατέω))(ἡττάομαι	Conquer
<u>νίκη (-ης), ἡ</u>)(ἧττα	Victory
*νιν	αὐτόν, αὐτήν, αὐτό
†νομίζω (λογίζομαι)	Consider
<u>νόμος (-ου), ὁ</u>	Law [Autonomy]
<u>νόσος (-ου), ἡ</u>	Disease
νοσέω	Be ill
<u>νοῦς (νοῦ), ὁ</u>	Mind
νοέω	Have in mind
νύμφη (-ης), ἡ	Bride
<u>νύξ (νυκτός), ἡ</u>)(ἡμέρα	Night

Ξ

ξανθός (ή, όν)	Yellow
ξένος (-ου), ὁ	Stranger
ξίφος (-ους), τό (ἔγχος)	Sword
ξύλον (-ου), τό	Wood [Xylophone]

Ο

ὁδός (-οῦ), ἡ	Road [Exodus]
ὀδούς (ὀδόντος), ὁ	Tooth [Odontology]
ὀδύνη (-ης), ἡ	Pain [Anodyne]
ὀδύρομαι	Lament
οἶδα)(ἀγνοέω	Know
οἰκέω (ναίω)	Dwell
οἶκος (-ου), ὁ, οἰκία (-ας), ἡ	House [Economy]
οἰκεῖος (α, ον)	Belonging to one's own (family)
οἰκέτης (-ου), ὁ	Servant
οἰκτείρω	Pity
οἶκτος (-ου), ὁ	Pity
†οἶμαι, οἴομαι (νομίζω)	Think
*οἴμοι	Alas!
οἶνος (-ου), ὁ	Wine
οἷός τ' εἰμί (δύναμαι)	Am able
†οἴχομαι)(ἥκω	Am gone
ὀκνέω	Shrink from
ὄκνος (-ου), ὁ	Hesitation
*ὄλβος (-ου), ὁ	Wealth, Happiness
*ὄλβιος (α, ον) (μάκαρ)	Happy
)(ἄθλιος	
ὀλίγος (η, ον))(μέγας, πολύς	Small ; *Plur.* : Few [Oligarchy]
ὀλιγωρέω (καταφρονέω)	Despise (+ Gen.)

†ὄλλυμι (διαφθείρω)	Destroy
ὄλεθρος (-ου), ὁ	Destruction
ὅλος (η, ον)	Whole [Catholic]
ὀλοφύρομαι (ὀδύρομαι)	Lament
ὁμιλέω	Associate with
ὁμιλία (-ας), ἡ	Intercourse [Homily]
*ὄμμα (-ατος), τό	Eye
†ὄμνυμι	Swear
ὅμοιος (α, ον)	Like
ὁμολογέω	Confess
ὅμως	Nevertheless
ὄναρ, τό, ὄνειρος (-ου), ὁ	Dream
ὄνειδος (-ους), τό	Reproach
ὀνειδίζω (λοιδορέω)	Revile (+ Dat.)
ὄνομα (-ατος), τό	Name [Anonymous]
ὀνομάζω	Name
ὀξύς (εῖα, ύ)	Sharp [Oxymoron]
ὄπισθε)(πρόσθεν	Behind
ὅπλα, τά	Arms [Panoply]
ὁπλίζω	Arm
ὁπλίτης (-ου), ὁ	Heavy-armed soldier, Hoplite
†ὁράω (βλέπω)	See [Panorama]
ὀργή (-ῆς), ἡ	Anger
†ὀργίζομαι	Be angry
ὀρθός (ή, όν)	Right, Just [Orthodox]
ὁρμάω	Rush. *Mid.* : Set out
ὄρνις (-ιθος), ὁ	Bird [Ornithology]
ὄρος (-ους), τό	Mountain
ὅρος (-ου), ὁ	Boundary [Horizon]
ὅσιος (α, ον) (ἁγνός))(ἀνόσιος	Holy
ὀσμή (-ῆς), ἡ	Smell

οὐδαμοῦ, μηδαμοῦ	Nowhere
οὐδαμῶς, μηδαμῶς	In no way
οὐδέ, μηδέ	Not even, Nor
οὐδείς (οὐδεμία, οὐδέν), μηδείς	No one
οὐδέποτε, οὔποτε, μηδέποτε, μήποτε	Never
οὐκέτι, μηκέτι	No longer
οὔπω, μήπω	Not yet
οὐρανός (-οῦ), ὁ	Heaven
οὕτως	So, Thus
†ὀφείλω	Owe
ὀφθαλμός (-οῦ), ὁ (ὄμμα)	Eye [Ophthalmic]
ὄχλος (-ου), ὁ	Crowd
ὀψέ)(πρῴ	Late
ὄψις (-εως), ἡ	Sight [Synopsis]

Π

παῖς (παιδός), ὁ and ἡ	Child [Pedagogue]
παιδεύω	Educate
πάλαι	Formerly
παλαιός (ά, όν) (ἀρχαῖος))(καινός	Old [Palaeography]
πάλιν (αὖθις)	Back, Again [Palindrome]
πανταχοῦ)(οὐδαμοῦ	Everywhere
πάνυ	Altogether
παραινέω † (βουλεύω)	Advise
παρακελεύομαι †	Exhort (+ Dat.)
παρασκευάζω	Prepare
παρασκευή (-ῆς), ἡ	Preparation
παραυτίκα (εὐθύς)	Immediate

πάρειμι)(ἄπειμι	Am present
πάρεστι, * πάρα (ἔξεστι)	It is possible (+Dat.)
παρέχω †	Provide
παρθένος (-ου), ἡ (κόρη)	Maiden
παρίημι †	Let slip
*πάρος (πάλαι)	Formerly
πᾶς (πᾶσα, πᾶν))(οὐδείς	All [Panacea]
†πάσχω	Suffer
πάθος (-ους), τό	Suffering [Sympathy]
πατήρ (πατρός), ὁ)(μήτηρ	Father [Paternal]
πατρῷος (α, ον))(μητρῷος	Of a father
πατρίς (-ίδος), ἡ	Native country
παύω	Stop [Pause]
πεδίον (-ου), τό	Plain
πεζός (ἡ, όν)	On foot, Infantry
†πείθω	Persuade. *Mid.*: Obey (+Dat.)
πειράομαι	Try
πεῖρα (-ας), ἡ	Attempt [Pirate]
πέλαγος (-ους), τό (θάλαττα)	Sea [Archipelago]
πέλας, πλησίον (ἐγγύς))(πόρρω	Near
πελταστής (-οῦ), ὁ	Targeteer
†πέμπω	Send
πένης (-ητος))(πλούσιος	Poor
πένθος (-ους), τό (λύπη)	Grief
πέπλος (-ου), ὁ	Robe
*πεπρωμένος (η, ον)	Fated
περαίνω	Accomplish
περιγίγνομαι †	Survive
πέτρα (-ας), ἡ	Rock [Petrify]
πηγή (-ῆς), ἡ (κρήνη)	Spring
*πῆμα (-ατος), τό, * πημονή (-ῆς), ἡ	Suffering
πιέζω	Oppress

πικρός (ά, όν))(γλυκύς	Bitter
†πίμπλημι	Fill
†πίνω	Drink
†πίπτω, * πίτνω	Fall
πιστεύω	Believe, Trust (+ Dat.)
πιστός (ή, όν)	Faithful
πλείων, πλέων (ον))(ἥττων, ἐλάττων	More
πλεῖστος (η, ον))(ἐλάχιστος	Most
†πλέω	Sail
πλοῖον (-ου), τό (ναῦς)	Ship
πλοῦς (-οῦ), ὁ	Voyage
πλῆθος (-ους), τό	Crowd [Plethora]
πλήρης (ες) (μεστός))(κενός	Full
πληρόω (πίμπλημι)	Fill
πλούσιος (α, ον))(πένης	Rich
πλοῦτος (-ου), ὁ	Wealth [Plutocrat]
†πνέω	Breathe, Blow
πνεῦμα (-ατος), τό	Wind, Spirit [Pneumatic]
*πόθος (-ου), ὁ (ἐπιθυμία)	Desire
ποθέω (ἐπιθυμέω)	Desire
ποιέω (δράω)	Do [Poet]
περὶ πολλοῦ ποιεῖσθαι	Reckon at great value
ποιμήν (-ένος), ὁ	Shepherd
πολέμιοι, οἱ	Enemy
πόλεμος (-ου), ὁ)(εἰρήνη	War
πολιορκέω	Besiege
πόλις, *πτόλις (-εως), ἡ (ἄστυ)	City [Politics]
πολίτης (-ου), ὁ	Citizen
πολλάκις	Often
πολύς (πολλή, πολύ))(ὀλίγος	Much [Polysyllabic]
πονηρός (ά, όν))(ἀγαθός	Evil

πόνος (-ου), ὁ (μόχθος)	Toil
πορεύομαι	March
πορίζω	Provide
πόρρω)(ἐγγύς	Far
*πόσις, ὁ)(δάμαρ	Husband
ποταμός (-οῦ), ὁ	River [Hippopotamus]
*πότμος (-ου), ὁ	Fate
πούς (ποδός), ὁ)(χείρ	Foot [Tripod]
†πράττω (ποιέω)	Do [Practical]
πρᾶγμα (-ατος), τό	Thing [Pragmatic]
πρέπει	It is fitting (+Dat.)
πρέσβυς (-εως), ὁ	Old man, Ambassador
πρίν)(ὕστερον	Before
πρόγονος (-ου), ὁ	Ancestor (Progeny)
προδίδωμι †	Betray
προθυμία (-ας), ἡ)(ἀθυμία	Eagerness
πρόθυμος (ον)	Eager
προσβάλλω †	Attack (+Dat.)
προσβολή (-ῆς), ἡ	Attack
προσήκει (πρέπει)	It is fitting (+Dat.)
πρόσθεν)(ὄπισθεν	Before
πρότερον)(ὕστερον	Formerly
πρόφασις (-εως), ἡ	Excuse
προχωρέω)(ἀναχωρέω	Advance
πρῴ)(ὀψέ	Early
πρῶτος (η, ον))(ὕστατος	First [Proto-type]
πτερόν (-οῦ), τό	Wing [Pterodactyl]
πυκνός (ή, όν)	Thick, Frequent
πύλη (-ης), ἡ	Gate
†πυνθάνομαι, *πεύθομαι (γιγνώσκω)	Ascertain
πῦρ (πυρός), τό	Fire [Pyrotechnic]
†πωλέω)(ὠνέομαι	Sell [Monopoly]

P

ῥᾴδιος (α, ον))(χαλεπός	Easy
ῥᾴθυμος (ον)	Lazy
†ῥέω	Flow [Rhythm]
†ῥήγνυμι	Break
ῥήτωρ (-ορος), ὁ	Orator [Rhetoric]
†ῥίπτω (βάλλω)	Throw
ῥώμη (-ης), ἡ (ἰσχύς)	Strength

Σ

σάλπιγξ (-ιγγος), ἡ	Trumpet
σαφής (ές) (δῆλος)	Clear
*σέβας, τό	Honour, Respect
σέβομαι	Worship, Honour
σελήνη (-ης), ἡ)(ἥλιος	Moon
σεμνός (ή, όν)	Holy, Solemn
σημεῖον (-ου), τό	Sign [Semaphore]
†σημαίνω (δηλόω)	Show
*σθένος (-ους), τό (ἰσχύς)	Strength [Callisthenics]
*σθένω	Be strong, Be able
σιγή (-ῆς), ἡ	Silence
σιγάομαι	Be silent
σίδηρος (-ου), ὁ	Iron
σῖτος (ου), ὁ	Corn, Provisions [Parasite]
σιωπή (-ῆς), ἡ (σιγή)	Silence
σκεύη, τά	Baggage
σκηνή (-ῆς), ἡ	Tent
σκληρός (ά, όν)	Harsh

†σκοπέω (θεωρέω)	Look at [Telescope]
σκότος (-ου), ὁ)(φῶς	Darkness
σοφός (ή, όν))(μωρός	Wise
σοφία (-ας), ἡ	Wisdom [Philosophy]
σπεύδω (ἐπείγω)	Hasten
σπουδή (-ῆς), ἡ (προθυμία)	Eagerness
σπονδαί, αἱ	Truce
†σπένδω	Pour a libation. *Mid.* : Make peace
στάσις (-εως), ἡ	Revolt, Discord
*στέγος (-ους), τό, στέγη (-ης), ἡ (οἶκος)	House
*στείχω (βαίνω)	Go
*στενάζω, * στένω (ὀδύρομαι)	Mourn
στενός (ή, όν))(εὐρύς	Narrow [Stenographer]
†στερίσκω	Deprive of
στέρνον (-ου), τό	Breast
στέφανος (-ου), ὁ	Garland
στόλος (-ου), ὁ	Expedition
†στέλλω	Equip, Despatch
στόμα (-ατος), τό	Mouth
στρατός (-οῦ) ,ὁ, στρατία (-ας), ἡ, στράτευμα (-ατος), τό)(ναύτικο	Army
στρατηγός (-οῦ), ὁ	General [Strategy]
στρατιώτης (-ου), ὁ)(ναύτης	Soldier
στρατοπεδεύομαι (αὐλίζομαι)	Encamp
†στρέφω	Turn [Catastrophe]
*στύγος (-ους), τό)(ἔρως	Hatred
* στυγέω (μισέω)	Hate
συγγενής (ές)	Related
συγγιγνώσκω †	Pardon (+ Dat.)
συγγνώμη (-ης), ἡ	Pardon

συγχωρέω	Agree
συλλέγω † (ἀθροίζω)	Collect
συμβαίνω †	Happen, Agree with
συμβουλεύω	Counsel
<u>σύμμαχος (ον)</u>	Ally
συμφέρει †	It is expedient (+ Dat.)
σύμφορος (ον)	Expedient
<u>συμφορά (-ᾶς), ἡ</u>	Disaster, Chance
συνεχῶς	Continually
σφαγή (-ῆς), ἡ	Slaughter
σφάζω (ἀποκτείνω)	Kill
†σφάλλω	Deceive
σφόδρα	Exceedingly
σχεδόν	Almost
σχῆμα (-ατος), τό (εἶδος)	Form [Scheme]
σχολή (-ῆς), ἡ	Leisure [School]
†<u>σώζω</u>	Save
<u>σωτηρία (-ας), ἡ</u>)(κίνδυνος	Safety
<u>σῶμα (-ατος), τό</u>)(ψυχή	Body
<u>σώφρων (ον)</u>	Prudent
σωφροσύνη (-ης), ἡ	Prudence

T

*τάλας (τάλαινα, τάλαν) (δυστυχής)	Wretched
ταπεινός (ή, όν)	Humble
ταράττω	Confuse
ταραχή (-ῆς), ἡ	Confusion
<u>τάττω</u>	Arrange, Order [Tactics]
<u>τάξις (-εως), ἡ</u>	Array, Rank

ταῦρος (-ου), ὁ	Bull
τάφος (-ου), ὁ	Tomb [Cenotaph]
τάφρος (-ου), ἡ	Ditch
ταχύς (εῖα, ύ))(βραδύς	Swift
τεῖχος (-ους), τό	Wall
τειχίζω	Fortify
τεκμήριον (-ου), τό	Proof
*τέκνον (-ου), τό (παῖς)	Child
τελευτάω,* † τελέω	Accomplish, End, Die
τέλος (-ους), τό	End
†τέμνω (κόπτω)	Cut [Atom]
τερπνός (ή, όν)	Pleasant
τέχνη (-ης), ἡ	Skill [Technical]
τηρέω	Watch, Watch for
†τίθημι	Place [Antithesis]
†τίκτω	Beget
*τεκών (-όντος), ὁ (πατήρ)	Father
*τεκοῦσα (-ης), ἡ (μήτηρ)	Mother
τιμάω (σέβομαι)	Honour
τιμή (-ῆς), ἡ (σέβας)	Honour
τιμωρέω (κολάζω)	Avenge, Punish
τιμωρία (-ας), ἡ	Vengeance, Punishment
†τιτρώσκω	Wound
τραῦμα (-ατος), τό	Wound
*τλήμων (-ον) (ἄθλιος))(εὐδαίμων	Wretched
τοιοῦτος, τοῖος	Such
τολμάω, * τλάω	Dare
τόλμα (-ης), ἡ	Daring
τόξον (-ου), τό	Bow [Intoxicate]
τοξότης (-ου), ὁ	Bowman
τόπος (-ου), ὁ	Place [Topography]
τοσοῦτος, τόσος	So great

τραχύς (εῖα, ύ) (σκληρός)	Rough, Harsh
†τρέπω (στρέφω)	Turn
†τρέφω	Nourish [Atrophy]
†τρέχω	Run [Truck]
τριήρης (-ους), ἡ	Trireme
τρόπαιον (-ου), τό	Trophy
τρόπος (-ου), ὁ	Manner
†τυγχάνω (κυρέω)	Happen, Meet with, Gain (+Gen.)
τύχη (-ης), ἡ	Chance
†τύπτω	Strike
τύραννος (-ου), ὁ (βασιλεύς)	King [Tyrant]

Υ

ὕβρις (-εως), ἡ	Insolence
ὑβρίζω (ὀνειδίζω)	Insult
ὑγιής (ές)	Healthy [Hygiene]
ὕδωρ (-ατος), τό	Water [Hydraulic]
υἱός (-οῦ), ὁ (παῖς))(θυγάτηρ	Son
ὕλη (-ης), ἡ	Wood
ὑπάρχω	Be at hand, Suffice
ὑπερβάλλω †	Excel
ὑπήκοος (ον)	Subject
ὑπηρετέω	Serve
ὑπηρέτης (-ου), ὁ	Servant
† ὑπισχνέομαι	Promise
ὕπνος (-ου), ὁ	Sleep [Hypnotism]
ὑποψία (-ας), ἡ	Suspicion
ὑποπτεύω	Suspect

ὕστερος, ὑστεραῖος (α, ον))(πρότερος	Following
ὑψηλός (ή, όν)	High
ὕψος (-ους), τό	Height

Φ

†φαίνω (δηλόω)	Show. *Pass.*: Appear [Phenomenon]
φανερός (ά, όν) (δῆλος)	Clear
φάρμακον (-ου), τό	Drug [Pharmacy]
φαῦλος (η, ον)	Mean, Worthless
*φέγγος (-ους), τό)(σκότος	Light
φείδομαι	Spare (+ Gen.)
†φέρω (κομίζω)	Bring, Bear [Periphery]
*φεῦ (οἴμοι)	Alas!
†φεύγω	Flee [Fugitive]
φυγή (-ῆς), ἡ	Flight
φυγάς (-άδος), ὁ	Exile
φημί (λέγω)	Say [Prophet]
φήμη (-ης), ἡ	Saying, Report [Euphemism]
†φθάνω	Anticipate
φθέγγομαι	Utter [Diphthong]
*†φθίνω	Waste
φθόνος (-ου), ὁ	Jealousy
φθονέω	Envy, Grudge
φιλέω)(μισέω	Love [Philanthropy]
φίλιος (α, ον)	Friendly
φίλος (η, ον))(ἐχθρός	Dear. *As Noun*: Friend
φλόξ (φλογός), ἡ	Flame [Phlox]

φόβος (-ου), ὁ (δεῖμα) — Fear [Hydrophobia]
φοβέομαι (δέδοικα) — Be afraid
φονεύω (σφάζω) — Slaughter
*φόνος (-ου), ὁ (σφαγή) — Slaughter
φράζω — Tell [Phrase]
*φρήν (φρενός), ἡ (νοῦς) — Mind [Phrenologist]
φρονέω (νοέω) — Think, Intend
*φροντίς (-ίδος), ἡ — Thought, Attention
φρόνιμος (ον) (σώφρων) — Prudent
φρουρέω — Guard
φυλάττω — Guard
φύλαξ (-ακος), ὁ — Guard [Prophylactic]
φύσις (-εως), ἡ — Nature [Physical]
†φύω (τίκτω) — Beget
φωνή (-ῆς), ἡ — Voice [Phonetics, Symphony, Telephone]

φῶς (φάους), τό (φέγγος))(σκότος — Light [Phosphorus, Photograph]

X

†χαίρω — Rejoice
χαλεπός (ή, όν))(ῥᾴδιος — Difficult
χαλκός (-οῦ), ὁ — Bronze
χάρις (-ιτος), ἡ — Favour
χειμών (-ῶνος), ὁ)(θέρος — Storm, Winter
χείρ (χειρός), ἡ)(πούς — Hand [Chiropodist]
*χθών (χθονός), ἡ (γῆ) — Land
†χράομαι — Use (+ Dat.)
χρήσιμος (η, ον) — Useful

†χρή, * χρέων (δεῖ) | It is necessary
χρεία (-ας), ἡ | Use, Need
*χρῄζω (ποθέω) | Long for
χρῆμα (-ατος), τό | Thing. *Plur.*: Money
χρηστός (ή, όν) | Useful, Good
χρόνος (-ου), ὁ | Time [Chronology, Anachronism]
χρυσός (-οῦ), ὁ)(ἄργυρος | Gold [Chrysanthemum]
*χρώς (χρωτός), ὁ | Flesh
χώρα (-ας), ἡ, * χῶρος (-ου), ὁ, χωρίον (-ου), τό | Place, Land
χωρέω (βαίνω) | Go
χωρίς | Apart

Ψ

ψευδής (ές))(ἀληθής | Lying [Pseudonym]
†ψεύδω (ἐξαπατάω) | Deceive. *Pass.*: Lie
ψῆφος (-ου), ἡ | Vote
ψηφίζω | Vote
ψιλός (ή, όν) | Bare, Light-armed
ψυχή (-ῆς), ἡ)(σῶμα | Soul [Psychology]

Ω

ὧδε (οὕτως) | Thus
†ὠθέω | Push
ὠκεανός (-οῦ), ὁ | Ocean

ὠμός (ή, όν) (σκληρός)	Savage
†ὠνέομαι)(πωλέω	Buy
<u>ὥρα (-ας), ἡ</u>	Season [Hour]
<u>ὥσπερ</u>	Just as, As if
<u>ὠφελέω</u>	Benefit, Help
ὠφελία (-ας), ἡ (βοήθεια)	Help
ὠφέλιμος (ον)	Helping

ADVERBS AND PRONOUNS

INTERROGATIVE Direct / Indirect	RELATIVE	DEMONSTRATIVE, ETC.		
πότε; ὁπότε When?	ὅτε When	τότε Then	σήμερον, σήμερον To-day	αὔριον To-morrow
ποῦ; ὅπου Where?	οὗ Where	νῦν Now χθές Yesterday	ἐκεῖ There	οἴκοι At home
ποῖ; ὅποι Whither?	οἷ Whither	ἐνθάδε, ἐνταῦθα Here	ἐκεῖσε Thither	οἴκαδε Homewards
πόθεν; ὁπόθεν Whence?	ὅθεν Whence	δεῦρο Hither	ἐκεῖθεν Thence	οἴκοθεν From home
πῶς; ὅπως How?	ὡς As	ἐνθένδε, ἐντεῦθεν Hence		
τίς; ὅστις Who?	ὅς Who	οὕτως, ὧδε Thus		
πόσος; ὁπόσος How great?	ὅσος (as great) as	ὅδε (ἥδε, τόδε) This	οὗτος (αὕτη, τοῦτο) This, That	ἐκεῖνος (η, ο) That
πόσοι; ὁπόσοι How many?	ὅσοι (as many) as	τοσοῦτος, τόσος So great		
ποῖος; ὁποῖος Of what sort?	οἷος (such) as	τοσοῦτοι, τόσοι So many		
		τοιοῦτος, τοῖος Such		

ἐγώ	I	ἡμεῖς	We
σύ †	Thou	ὑμεῖς	You
ἑαυτόν	Himself	σφᾶς	Themselves

† Genitive in Verse, σέθεν.

αὐτός (ἡ, ὁ)	Self
ὁ αὐτός	The same
τις (τι)	Someone (Something)

PREPOSITIONS

I. *With One Case*

(a) ACCUSATIVE

ἀνά	Up	ἀνὰ ποταμόν
εἰς, ἐς	Into, to	εἰς τὴν οἰκίαν, εἰς τὰς Ἀθήνας
ὡς	To (with persons)	ὡς τὸν βασιλέα

(b) GENITIVE

ἄνευ	Without	ἄνευ χρυσοῦ
ἀντί	Instead of	πόλεμος ἀντὶ εἰρήνης
ἀπό	From	ἀπὸ τῆς νήσου
ἐκ, ἐξ	From, out of	ἐκ τῆς πόλεως
ἕνεκα, * οὕνεκα	On account of	τοῦδ' ἕνεκα
μέχρι	Until	μέχρι τῆς νυκτός
πλήν	Except	πλὴν σοῦ
πρό	Before	πρὸ τῶν πυλῶν
*χάριν	On account of	τοῦ κύδους χάριν

(c) DATIVE

| ἐν | In | ἐν τῇ μάχῃ |
| σύν, ξύν | With | σὺν τοῖς θεοῖς |

II. *With Two Cases*

ACCUSATIVE AND GENITIVE

διά	+ *Acc.*	On account of	διὰ ταύτην τὴν συμφοράν
	+ *Gen.*	Through	διὰ τῆς χώρας
κατά	+ *Acc.*	In accordance with	κατὰ θυμόν
		Down along	κατὰ ποταμόν
	+ *Gen.*	Down from	κατὰ τῆς πέτρας
μετά	+ *Acc.*	After	μετὰ τὴν μάχην
	+ *Gen.*	With	μεθ' ἡμῶν
ὑπέρ	+ *Acc.*	Beyond	ὑπὲρ δύναμιν
	+ *Gen.*	On behalf of	ὑπὲρ τῆς πατρίδος

III. *With Three Cases*

ACCUSATIVE, GENITIVE, DATIVE

ἐπί	+ *Acc.*	To, Against	ἐπὶ τοὺς πολεμίους
	+ *Gen.*	On (place), At (time)	ἐφ' ἵππου, ἐφ' ἑσπέρας
	+ *Dat.*	On	ἐπὶ τῇ θαλάττῃ
παρά	+ *Acc.*	To the side of	παρὰ τὸν βασιλέα
	+ *Gen.*	From the side of	παρὰ τῶν Ἀθηναίων
	+ *Dat.*	At the side of	παρὰ τοῖς φίλοις
περί	+ *Acc.*	Around	περὶ τὰ τείχη
	+ *Gen.* + *Dat.*	} About, Concerning	περὶ τῆς σωτηρίας
πρός	+ *Acc.*	To	πρὸς τὴν κώμην
	+ *Gen.*	From, Facing towards	πρὸς Νότου
	+ *Dat.*	At	πρὸς τῷ οἴκῳ
ὑπό	+ *Acc.*	Under (motion)	ὑπὸ τὴν γῆν
	+ *Gen.*	By	ὑπὸ τοῦ κριτοῦ
	+ *Dat.*	Under (rest)	ὑφ' ἡλίῳ

PREPOSITIONAL PHRASES

ἀφ' ἵππου	On horseback
ἐκ τούτου	After this
ἐν τούτῳ	Meanwhile
οἱ ἀμφὶ Κλέωνα	Cleon and his men
ὡς ἐπὶ τὸ πολύ	For the most part
τὸ ἐπ' ἐμέ	As far as I am concerned
ἐπὶ τούτοις	On these conditions
πρὸς τούτοις	In addition to this
κατὰ τοὺς νόμους	In accordance with the laws
παρὰ τοὺς νόμους	Contrary to the laws
πρὸς θεῶν	By the gods! (oath)

PARTICLES
(† Not found first word)

ἀλλά	But
ἆρα	(Interrogative)
†ἄρα	Then
†γάρ	For
†γε	Indeed
†γοῦν	At any rate
†δέ	But
†δ' οὖν	(Picking up the narrative after a digression)
†δή, δῆτα	Indeed
ἤ ... ἤ	Either ... or
καί	And, Even, Also
καίτοι	And yet
†μέν ... δέ	On the one hand ... on the other hand
†μὲν οὖν	Nay, rather (corrective)
†μέντοι	Indeed

οὔκουν	Not indeed
οὐκοῦν	Surely
†οὖν	Therefore
πότερον ... ἤ	Whether ... or
†τοι	Indeed
τοιγάρ, τοιγαροῦν	Therefore

CONJUNCTIONS

FINAL.

ἵνα, ὡς, ὅπως   In order that

CONSECUTIVE.

ὥστε   So that

CONDITIONAL.

εἰ, ἐάν (ἤν)   If
ἐφ᾽ ᾧ τε   On condition that

CAUSAL.

ὅτι, ἐπεί, ἐπειδή   Because, Since
ἅτε   Inasmuch as (+ participle)

CONCESSIVE.

καίπερ   Although (+ participle)

TEMPORAL.

ἐπεί, ἐπειδή, ἡνίκα, ὅτε,
   ὁπότε, ὡς   When
ἐξ οὗ   Since
ἕως   While
ἐπεὶ τάχιστα   As soon as
πρίν   Before
ἕως, μέχρι, πρίν   Until

NUMERALS

1. εἷς (μία, ἕν)	1st. πρῶτος (η, ον)
2. δύο	2nd. δεύτερος (α, ον)
3. τρεῖς (τρία)	3rd. τρίτος (η, ον)
4. τέτταρες (-αρα)	4th. τέταρτος (η, ον)
5. πέντε	5th. πέμπτος (η, ον)
6. ἕξ	6th. ἕκτος (η, ον)
7. ἑπτά	7th. ἕβδομος (η, ον)
8. ὀκτώ	8th. ὄγδοος (η, ον)
9. ἐννέα	9th. ἔνατος (η, ον)
10. δέκα	10th. δέκατος (η, ον)
11. ἕνδεκα	
12. δώδεκα	20th. εἰκοστός (ή, όν)
	200th. διακοσιοστός (ή, όν)
20. εἴκοσι	200. διακόσιοι (αι, α)
30. τριάκοντα	300. τριακόσιοι (αι, α)
40. τετταράκοντα	400. τετρακόσιοι (αι, α)
50. πεντήκοντα	500. πεντακόσιοι (αι, α)
60. ἑξήκοντα	600. ἑξακόσιοι (αι, α)
70. ἑβδομήκοντα	700. ἑπτακόσιοι (αι, α)
80. ὀγδοήκοντα	800. ὀκτακόσιοι (αι, α)
90. ἐνενήκοντα	900. ἐνακόσιοι (αι, α)
100. ἑκατόν	1,000. χίλιοι (αι, α)
	10,000. μύριοι (αι, α)

PRINCIPAL PARTS OF IRREGULAR VERBS

PRESENT	MEANING	FUTURE	AORIST	PERFECT	PERFECT PASSIVE	AORIST PASSIVE
ἀγγέλλω	Announce	ἀγγελῶ	ἤγγειλα	ἤγγελκα	ἤγγελμαι	ἠγγέλθην
ἀγείρω	Collect	—	ἤγειρα	—	—	ἠγέρθην
ἀγορεύω	Say	ἐρῶ	εἶπον	εἴρηκα	εἴρημαι	ἐρρήθην
ἄγω	Lead	ἄξω	ἤγαγον	ἦχα	ἦγμαι	ἤχθην
ᾄδω	Sing	ᾄσομαι	ᾖσα	—	ᾖσμαι	ᾔσθην
αἰδέομαι	Reverence	αἰδέσομαι	—	—	—	ᾐδέσθην
αἰνέω	Praise	αἰνέσω	ᾔνεσα	ᾔνεκα	ᾔνημαι	ᾐνέθην
αἱρέω	Take	αἱρήσω	εἷλον	ᾕρηκα	ᾕρημαι	ᾑρέθην
αἴρω	Raise	ἀρῶ	ᾖρα	ᾖρκα	ᾖρμαι	ᾔρθην
αἰσθάνομαι	Perceive	αἰσθήσομαι	ᾐσθόμην	—	ᾔσθημαι	—
αἰσχύνομαι	Be ashamed	αἰσχυνοῦμαι	—	—	—	ᾐσχύνθην
ἀκούω	Hear	ἀκούσομαι	ἤκουσα	ἀκήκοα	—	ἠκούσθην
ἁλίσκομαι	Be caught	ἁλώσομαι	ἑάλων	ἑάλωκα	—	—
ἁμαρτάνω	Make a mistake	ἁμαρτήσομαι	ἥμαρτον	ἡμάρτηκα	ἡμάρτημαι	ἡμαρτήθην
ἀμύνω	Ward off	ἀμυνῶ	ἤμυνα	—	—	—
ἀναλίσκω	Spend	ἀναλώσω	ἀνήλωσα	ἀνήλωκα	ἀνήλωμαι	ἀνηλώθην
ἀνέχομαι	Endure	ἀνέξομαι	ἠνεσχόμην	—	—	—
ἀνοίγνυμι	Open	ἀνοίξω	ἀνέῳξα	ἀνέῳχα	ἀνέῳγμαι	ἀνεῴχθην
ἀπαλλάττω	Set free	ἀπαλλάξω	ἀπήλλαξα	ἀπήλλαχα	ἀπήλλαγμαι	ἀπηλλάγην

* Also ἀπηλλάχθην.

ἀπαντάω	Meet	ἀπαντήσομαι	ἀπήντησα	ἀπήντηκα	—	—
ἀπεχθάνομαι	Be hated	ἀπεχθήσομαι	ἀπηχθόμην	—	ἀπήχθημμαι	—
ἀποθνήσκω	Die	ἀποθανοῦμαι	ἀπέθανον	τέθνηκα	—	—
ἅπτομαι	Lay hold of	ἅψομαι	ἡψάμην	—	ἧμμαι	—
ἀρέσκω	Please	ἀρέσω	ἤρεσα	—	—	ἡρέσθην
ἀρκέω	Suffice	ἀρκέσω	ἤρκεσα	—	—	—
αὐξάνω	Increase	αὐξήσω	ηὔξησα	ηὔξηκα	ηὔξημαι	ηὐξήθην
ἀφικνέομαι	Arrive	ἀφίξομαι	ἀφικόμην	—	ἀφῖγμαι	—
βαίνω	Go	βήσομαι	ἔβην	βέβηκα	—	—
βάλλω	Throw	βαλῶ	ἔβαλον	βέβληκα	βέβλημαι	ἐβλήθην
βούλομαι	Wish	βουλήσομαι	—	—	βεβούλημαι	ἐβουλήθην
γαμέω	Marry	γαμῶ	ἔγημα	γεγάμηκα	γεγάμημαι	—
γελάω	Laugh	γελάσομαι	ἐγέλασα	—	—	ἐγελάσθην
γίγνομαι	Become	γενήσομαι	ἐγενόμην	γέγονα	γεγένημαι	—
γιγνώσκω	Ascertain	γνώσομαι	ἔγνων*	ἔγνωκα	ἔγνωσμαι	ἐγνώσθην
δεῖ	It is neces-sary	δεήσει	ἐδέησε	—	—	—
δείκνυμι	Show	δείξω	ἔδειξα	δέδειχα	δέδειγμαι	ἐδείχθην
δέω	Bind	δήσω	ἔδησα	δέδεκα	δέδεμαι	ἐδέθην
δέω	Lack	δεήσω	ἐδέησα	δεδέηκα	δεδέημαι	ἐδεήθην
διαφθείρω	Destroy	διαφθερῶ	διέφθειρα	διέφθαρκα	διέφθαρμαι	διεφθάρθην
διδάσκω	Teach	διδάξω	ἐδίδαξα	δεδίδαχα	δεδίδαγμαι	ἐδιδάχθην
δίδωμι	Give	δώσω	ἔδωκα	δέδωκα	δέδομαι	ἐδόθην
δοκέω	Seem	δόξω	ἔδοξα	—	δέδογμαι	—

* ἔγνων, ἔγνως, ἔγνω, etc. Paradigm. ἔγνων, γνῶθι, γνῶ, γνοίην, γνῶναι, γνούς.

PRESENT	MEANING	FUTURE	AORIST	PERFECT	PERFECT PASSIVE	AORIST PASSIVE
δύναμαι*	Be able	δυνήσομαι	—	—	δεδύνημαι	ἐδυνήθην
ἐάω*	Allow	ἐάσω	εἴασα	εἴακα	εἴαμαι	εἰάθην
ἐγείρω	Rouse	ἐγερῶ	ἤγειρα	ἐγρήγορα†	—	ἠγέρθην
ἐθέλω	Wish	ἐθελήσω	ἠθέλησα	ἠθέληκα	—	—
ἐκπλήττω	Terrify	ἐκπλήξω	ἐξέπληξα	—	ἐκπέπληγμαι	ἐξεπλάγην
ἐλαύνω	Drive	ἐλῶ	ἤλασα	ἐλήλακα	ἐλήλαμαι	ἠλάθην
ἐπίσταμαι	Understand	ἐπιστήσομαι	—	—	—	ἠπιστήθην
ἔπομαι	Follow	ἕψομαι	ἑσπόμην	—	—	—
ἐργάζομαι	Work	ἐργάσομαι	εἰργασάμην	—	εἴργασμαι	εἰργάσθην
ἔρχομαι	Come, Go	εἶμι	ἦλθον	ἐλήλυθα	—	—
ἐρωτάω	Ask	ἐρωτήσω	ἠρόμην	ἠρώτηκα	ἠρώτημαι	ἠρωτήθην
ἐσθίω	Eat	ἔδομαι	ἔφαγον	—	—	—
εὑρίσκω	Find	εὑρήσω	εὗρον	εὕρηκα	εὕρημαι	εὑρέθην
ἔχω‡	Have	ἕξω, σχήσω	ἔσχον	ἔσχηκα	—	—
ζάω†	Live	βιώσομαι	ἐβίων	βεβίωκα	—	—
ζεύγνυμι	Yoke	ζεύξω	ἔζευξα	—	ἔζευγμαι	ἐζεύχθην
ἥδομαι	Rejoice	ἡσθήσομαι	—	—	—	ἥσθην
θάπτω	Bury	θάψω	ἔθαψα	—	τέθαμμαι	ἐτάφην
θαυμάζω	Wonder (at)	θαυμάσομαι	ἐθαύμασα	τεθαύμακα	τεθαύμασμαι	ἐθαυμάσθην
ἵημι	Send	ἥσω	ἧκα	εἷκα	εἷμαι	εἵθην

* Imperfect, εἴων. † ἐγρήγορα = I am awake. ‡ Imperfect, εἶχον.

ἵστημι	Set up	στήσω	ἔστησα (Tr.) / ἔστην (Intr.) *	ἕστηκα (Intr.) *	ἕσταμαι	ἐστάθην
καθαίρω	Cleanse	καθαρῶ	ἐκάθηρα	—	κεκάθαρμαι	ἐκαθάρθην
καθεύδω	Sleep	καθευδήσω	—	—	—	—
καίω	Burn	καύσω	ἔκαυσα	κέκαυκα	κέκαυμαι	ἐκαύθην
καλέω	Call	καλῶ	ἐκάλεσα	κέκληκα	κέκλημαι	ἐκλήθην
κάμνω	Toil	καμοῦμαι	ἔκαμον	κέκμηκα	—	—
κεῖμαι	Lie	κείσομαι	—	—	—	—
κελεύω	Order	κελεύσω	ἐκέλευσα	κεκέλευκα	κεκέλευσμαι	ἐκελεύσθην
κλαίω	Weep	κλαύσομαι	ἔκλαυσα	—	κέκλαυμαι	—
κλέπτω	Steal	κλέψω	ἔκλεψα	κέκλοφα	κέκλεμμαι	ἐκλάπην
κλίνω	Bend	κλινῶ	ἔκλινα	—	κέκλιμαι	ἐκλίθην
κρίνω	Judge	κρινῶ	ἔκρινα	κέκρικα	κέκριμαι	ἐκρίθην
κτάομαι	Obtain	κτήσομαι	ἐκτησάμην	—	κέκτημαι †	ἐκτήθην
κτείνω	Kill	κτενῶ	ἔκτεινα	-έκτονα	(τέθνηκα)	ἐκτάθην (ἀπέθανον)
λαγχάνω	Obtain by lot	λήξομαι	ἔλαχον	εἴληχα	εἴλημμαι	ἐλήχθην
λαμβάνω	Take	λήψομαι	ἔλαβον	εἴληφα	εἴλημμαι	ἐλήφθην
λανθάνω	Lie hid	λήσω	ἔλαθον	λέληθα	λέλησμαι	—
λέγω	Say	λέξω	ἔλεξα	—	{ εἴλεγμαι / λέλεγμαι }	ἐλέχθην
λείπω	Leave	λείψω	ἔλιπον	λέλοιπα	λέλειμμαι	ἐλείφθην
μανθάνω	Learn	μαθήσομαι	ἔμαθον	μεμάθηκα	—	—
μάχομαι	Fight	μαχοῦμαι	ἐμαχεσάμην	—	μεμάχημαι	—

* ἕστηκα = I stand ; ἔστην = I stood.

† κέκτημαι = I possess.

45

PRINCIPAL PARTS OF IRREGULAR VERBS—Continued

PRESENT	MEANING	FUTURE	AORIST	PERFECT	PERFECT PASSIVE	AORIST PASSIVE
μέλει	It is a care	μελήσει	ἐμέλησε	μεμέληκε	—	—
μέλλω	Intend	μελλήσω	ἐμέλλησα	μεμέληκα	—	—
μένω	Remain	μενῶ	ἔμεινα	—	—	—
-μιμνήσκω	Remind	-μνήσω	-ἔμνησα	—	μέμνημαι*	ἐμνήσθην
νέμω	Distribute	νεμῶ	ἔνειμα	νενέμηκα	νενέμημαι	ἐνεμήθην
νομίζω	Consider	νομιῶ	ἐνόμισα	νενόμικα	νενόμισμαι	ἐνομίσθην
οἴομαι	Think	οἰήσομαι	—	—	—	ᾠήθην
οἴχομαι	Be gone	οἰχήσομαι	—	—	—	—
ὄλλυμι	Destroy	ὀλῶ	ὤλεσα (Tr.) / ὠλόμην (Intr.)	ὀλώλεκα (Tr.) / ὄλωλα (Intr.)	—	—
ὄμνυμι	Swear	ὀμοῦμαι	ὤμοσα	ὀμώμοκα	—	ὠμόθην, ὠμόσθην
ὁράω†	See	ὄψομαι	εἶδον	ἑώρακα	ἑώραμαι, ὦμμαι	ὤφθην
ὀργίζομαι	Be angry	ὀργιοῦμαι	—	—	ὤργισμαι	ὠργίσθην
ὀφείλω	Owe	ὀφειλήσω	ὤφελον	—	—	—
πάσχω	Suffer	πείσομαι	ἔπαθον	πέπονθα	—	—
πείθω	Persuade	πείσω	ἔπεισα	πέπεικα	πέπεισμαι	ἐπείσθην
πέμπω	Send	πέμψω	ἔπεμψα	πέπομφα	πέπεμμαι	ἐπέμφθην

* μέμνημαι = I remember. † Imperfect, ἑώρων.

46

πίμπλημι	Fill	πλήσω	ἔπλησα	πέπληκα	πέπλησμαι	ἐπλήσθην
πίνω	Drink	πίομαι	ἔπιον	πέπωκα	πέπομαι	ἐπόθην
πίπτω	Fall	πεσοῦμαι	ἔπεσον	πέπτωκα	—	—
πλέω	Sail	πλεύσομαι	ἔπλευσα	πέπλευκα	—	—
πνέω	Breathe	πνεύσομαι	ἔπνευσα	πέπνευκα	—	—
πράττω	Do	πράξω	ἔπραξα	πέπραχα (Tr.) πέπραγα (Intr.)	πέπραγμαι	ἐπράχθην
πυνθάνομαι	Ascertain	πεύσομαι	ἐπυθόμην		πέπυσμαι	—
πωλέω	Sell	πωλήσω	{ ἐπώλησα / ἀπεδόμην }	πέπρακα	πέπραμαι	ἐπράθην
ῥέω	Flow			ἐρρύηκα		ἐρρύην
ῥήγνυμι	Break	ῥήξω	ἔρρηξα	ἔρραγα (Intr.)		ἐρράγην
ῥίπτω	Throw	ῥίψω	ἔρριψα	ἔρριφα	ἔρριμμαι	ἐρρίφθην
σημαίνω	Show	σημανῶ	ἐσήμηνα		σεσήμασμαι	ἐσημάνθην
σκοπέω	Look at	σκέψομαι	ἐσκεψάμην		ἔσκεμμαι	
σπένδω	Pour libation	σπείσω	ἔσπεισα		ἔσπεισμαι	ἐσπείσθην
στέλλω	Equip, Send	στελῶ	ἔστειλα	ἔσταλκα	ἔσταλμαι	ἐστάλην
στερίσκω	Deprive	στερήσω	ἐστέρησα	ἐστέρηκα	ἐστέρημαι	ἐστερήθην
στρέφω	Turn	στρέψω	ἔστρεψα		ἔστραμμαι	ἐστράφην
σφάλλω	Deceive	σφαλῶ	ἔσφηλα		ἔσφαλμαι	ἐσφάλην

Principal Parts of Irregular Verbs—Continued

PRESENT	MEANING	FUTURE	AORIST	PERFECT	PERFECT PASSIVE	AORIST PASSIVE
σώζω	Save	σώσω	ἔσωσα	σέσωκα	σέσωσμαι	ἐσώθην
τελέω	Accomplish	τελῶ	ἐτέλεσα	τετέλεκα	τετέλεσμαι	ἐτελέσθην
τέμνω	Cut	τεμῶ	ἔτεμον	τέτμηκα	τέτμημαι	ἐτμήθην
τίθημι	Place	θήσω	ἔθηκα	τέθηκα	—	ἐτέθην
τίκτω	Beget	τέξομαι	ἔτεκον	τέτοκα	—	—
τιτρώσκω	Wound	τρώσω	ἔτρωσα	—	τέτρωμαι	ἐτρώθην
τρέπω	Turn	τρέψω	ἔτρεψα	τέτροφα	τέτραμμαι	{ ἐτρέφθην / ἐτράπην }
τρέφω	Nourish	θρέψω	ἔθρεψα	τέτροφα	τέθραμμαι	ἐτράφην
τρέχω	Run	δραμοῦμαι	ἔδραμον	δεδράμηκα	—	—
τυγχάνω	Happen	τεύξομαι	ἔτυχον	τετύχηκα	—	—
τύπτω	Strike	πατάξω	ἐπάταξα	—	πέπληγμαι	ἐπλήγην
ὑπισχνέομαι	Promise	ὑποσχήσομαι	ὑπεσχόμην	—	ὑπέσχημαι	—
φαίνω	Show	φανῶ	ἔφηνα	πέφηνα (Intr.)	πέφασμαι	{ ἐφάνθην / ἐφάνην }
φέρω	Bear	οἴσω	ἤνεγκα	ἐνήνοχα	ἐνήνεγμαι	ἠνέχθην
φεύγω	Flee	φεύξομαι	ἔφυγον	πέφευγα	—	—
φθάνω	Anticipate	φθήσομαι	ἔφθασα	—	—	—
φθίνω	Waste	φθίσω	ἐφθίμην	—	ἔφθιμαι	—
φύω	Grow	φύσω	{ ἔφυσα (Tr.) / ἔφυν (Intr.) }	πέφυκα (Intr.)	—	—

		Future	Aorist	Perfect	Aorist Passive
χαίρω	Rejoice	χαιρήσω	———	κεχάρημαι	ἐχάρην
χράομαι	Use	χρήσομαι	ἐχρησάμην	κέχρημαι	ἐχρήσθην
χρή	It is necessary	χρήσει	ἔχρην	———	———
ψεύδω	Deceive	ψεύσω	ἔψευσα	ἔψευσμαι	ἐψεύσθην
ὠθέω	Push	ὤσω	ἔωσα	ἔωσμαι	ἐώσθην
ὠνέομαι	Buy	ὠνήσομαι	ἐπριάμην	ἐώνημαι	ἐωνήθην

BASIC GREEK VOCABULARY

This essential vocabulary of approximately one thousand of the commonest Greek words was originally compiled for students taking School Certificate. It survives admirably through O-level to current GCSE. Its distinct advantages are that, though alphabetically arranged, many words are set alongside synonyms, antonyms and English derivatives to aid memorisation and vocabulary building. Interrogative, relative and demonstrative adverbs and pronouns, prepositions, particles, conjunctions and numerals are conveniently grouped at the end, and there is a table of principal parts from irregular verbs. For those learning over two years the commonest words are indicated with an asterisk for mastering in the first. The format is thus ideal for all early learners.

Also available:	
Abbott & Mansfield	*Primer of Greek Grammar*
Beetham, F	*Beginning Greek with Homer*
	Introduction to New Testament Greek
Goodwin, W	*Greek Grammar*
Nairn, J. & G	*Greek Through Reading*
North & Hillard	*Greek Prose Composition*
Palmer, L	*The Greek Language*
Peckett & Munday	*Thrasymachus*

General Editor: John H. Betts

£8.99

Duckworth
90-93 Cowcross Street
London EC1M 6BF

www.ducknet.co.uk

9781853996344